AF337805

I 27 n
22117

LES

DERNIERS INSTANTS D'AMÉLIE

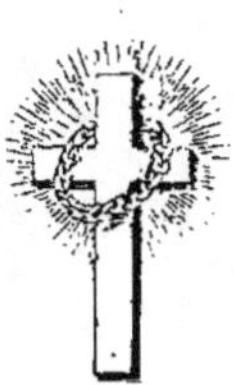

28 Février 1865.

LES

DERNIERS INSTANTS D'AMÉLIE

28 Février 1865.

VERSAILLES

BEAU, IMPRIMEUR LIBRAIRE

Rue de l'Orangerie, 36.

A la Famille Clément Bourgeois!

A ma Famille!

Ma chère Amélie,

Je croirais manquer à ta mémoire,
à l'affection que j'aurai toujours pour
toi et au juste désir de tous tes parents,
si je ne laissais par écrit les détails des

derniers instants que tu as passés avec nous sur la terre.

Permets donc, chère Amélie, que ce souvenir soit comme une consolation à mon immense douleur, et surtout comme un hommage rendu à tes vertus, et aux grâces dont notre divin Sauveur s'est plu à te favoriser!

Amélie était dans sa vingt-cinquième année. Il
y avait cinq ans et demi qu'elle était mariée. Dieu
venait de réaliser un de ses vœux les plus ar-
dents : le 21 février, elle avait mis au monde
une petite fille charmante de physionomie et de
santé. Elle semblait être en bonne voie de réta-
blissement, lorsque, le dimanche 26, le méde-
cin, qui suivait depuis la veille et sans faire
part de ses craintes les progrès d'une fièvre
anormale, déclara qu'il ne pouvait plus conserver
de doutes sur le caractère de cette fièvre, dont la

nature était des plus dangereuses. Le mal fit
même des progrès tellement rapides que le len-
demain, lundi, les médecins réunis en consulta
tion étaient réduits à se reconnaître impuissants
à sauver ma chère malade.

Ce fut le lundi soir que ma chère Amélie com-
prit la gravité de sa situation, moins par ses
souffrances, qui étaient faibles, que par les fré-
quentes visites des médecins, par l'émotion peinte
sur le visage des personnes qui l'entouraient et
surtout par la présence inattendue de quelques-
unes d'entr'elles. En effet, à la première nouvelle
de sa maladie, son père était arrivé en toute hâte
de Morez; ma mère, retenue au lit depuis plusieurs
jours, venait imprudemment de le quitter;
madame Racine, à peine rétablie, était également
accourue.

« Je suis donc bien malade? me dit-elle. Mais
» non....., je ne suis pas bien malade....., je ne
» veux pas encore mourir..... Cher Lucien, dis-
» moi, est-ce que je suis bien malade?.... Est-ce
» que je vais mourir? »

— Oh! non, ma bonne Amélie, lui dis-je;
grâce à Dieu, nous n'en sommes pas là. Tu es
seulement un peu plus souffrante, et cela nous
fait à tous bien de la peine. Tu sais combien
chacun de nous s'intéresse à toi... M. le curé est
venu lui-même demander de tes nouvelles. Il m'a
dit que s'il ne craignait pas de te fatiguer, il
aimerait bien à te voir.

« Oh! vraiment, qu'il est bon, M. le curé.... Mais
» il faut que je sois bien malade pour qu'il soit
» venu me voir aujourd'hui. »

Je la rassurai, en lui disant que je lui proposais

de voir M. le curé parce qu'il était plein de bonté pour elle et qu'elle aimait ses visites. J'ajoutai que nous étions dans le temps des Quarante-Heures, et que si elle voulait, conformément à notre coutume, se préparer à communier à cette occasion, cela l'aiderait à bien supporter ses souffrances.

« Oui..., s'écria-t-elle avec empressement, c'est
» une bonne pensée que tu me suggères, cher
» Lucien..... Oh! oui, je serai heureuse de me
» confesser!... Prie M. le curé d'entrer auprès de
» moi lorsqu'il reviendra.....

» Si tu savais, cher Lucien, de combien peu on
» est capable quand on est malade!.... J'aime à
» tenir mon chapelet, mais je ne puis plus prier...
» Oh!.. je ne comprends pas les dames qui ont
» passé par de telles souffrances et qui vont en-
» core au bal!.... Qu'elles sont à plaindre! »

Un instant après, M. le curé, qu'on avait averti, s'empressait d'arriver.

« M. le curé, lui dit-elle, que vous êtes bon de
» venir me voir ! Voudriez-vous bien me confes-
» ser ? Cette confession peut être la dernière ; je
» veux bien la faire. »

Restée seule avec M. le curé, elle se confessa. Mais si grand était son désir de se purifier des moindres fautes qu'au moment où je rentrai, après sa confession terminée, elle demandait encore à M. le curé si elle avait fait un aveu complet :

« M. le curé, lui disait-elle, ai-je bien tout dit ?
» Vous qui me connaissez, assurez-moi que j'ai
» bien tout dit. »

M. le curé, contenant son émotion, ranima sa confiance et lui promit d'apporter bientôt le saint Viatique.

A peine était-il sorti, que ma bonne Amélie m'accueille avec une exclamation qui révèle son bonheur et sa parfaite soumission à la volonté de Dieu.

« Oh ! mon cher Lucien, combien je suis
» contente de m'être confessée ! M. le curé est
» vraiment bien bon. Il me fait du bien tandis
» que les médecins me laissent mourir !.... Eh
» bien, comme le bon Dieu voudra ! je me
» soumets !!...

» Je croyais pourtant être utile sur la terre
» pendant quelque temps encore pour te soi-
» gner, mon cher ami, et pour soigner ma petite
» fille.... Mais je n'ai point d'inquiétude....je sais
» qu'on te soignera bien, qu'on soignera bien ma
» petite Marie, qu'on vous aimera tous deux....

» Le bon Dieu va m'appeler, je le sens... que sa
» volonté soit faite !.. J'offre mon sacrifice pour
» votre bonheur et surtout pour le retour de *** à
» la pratique de ses devoirs religieux. Ah ! j'ai
» déjà tant prié !.. et n'ai rien obtenu. Mais priez
» toujours..... J'offre ma vie pour l'obtenir.....

» Mon cher Lucien, je te demande pardon de
» toutes les peines que j'ai pu te faire.... Que je suis
» malhèureuse d'avoir pu quelquefois te contris-
» ter !..... Pardonne-moi; je me repens bien. Je
» t'ai toujours bien aimé, je te l'assure..... Oh !
» oui, toujours !.... Tu dois être bien heureux de
» penser que c'est toi qui m'auras sauvée et m'au-
» ras fait aller en paradis. »

Je lui dis : Ma chère Amélie, tu n'as pas à me
demander pardon. Je ne doute pas de ton affection ; je sais que tu m'aimes beaucoup : c'est là
mon bonheur.

Si j'ai pu, de mon côté, te faire de la peine quelquefois, j'affirme que cela a toujours été involontairement Jamais je ne me suis proposé que ton bonheur..... Mais, je t'en prie, ne t'inquiète pas, oublie ces pensées; pense plutôt à l'immense faveur que tu vas avoir en recevant le bon Dieu. Dis-lui d'avance : Mon Dieu, je vous aime !

Cependant M. le curé était rentré, apportant le saint Viatique.

Je n'essaierai pas de dire ici la piété, la ferveur, les transports d'amour avec lesquels ma chère Amélie reçut la sainte Communion, l'Extrême-Onction et l'Indulgence plénière *in articulo mortis*. M. le curé aimait à nous dire plus tard : « J'ai l'âme comme embaumée d'une pareille » mort. »

Ce que personne ne pourra exprimer dans le

langage de la terre, ce sont les sentiments su-
blimes, manifestes inspirations du Ciel, dont son
cœur débordait et qui étaient comme un avant-
goût du bonheur que Dieu allait lui accorder.
Qu'on en juge par ces paroles entrecoupées qui s'é-
chappaient de son cœur avec un accent indicible :

« Oh ! oui, j'aime le bon Dieu de tout mon
» cœur !... Je le sens dans mon âme : qu'il est
» doux !... qu'il est bon !...

» Oh ! cher Lucien, je vois la salle du festin.
» Que de flambeaux !... Que de candélabres !... Que
» de lumières !... Ce n'est pas le festin de Baltha-
» sar ; non, non, c'est le festin du Verbe !... Je vois
» la sainte Vierge à côté du Christ... J'y vois ma
» place à côté de la tienne..... mais toi, pas enco-
» re.... plus tard... oui... plus tard, Lucien, au re-
» voir !... oui, au revoir... Mais vois donc ces

» anges ; qu'ils sont nombreux ! comme ils sont
» beaux ! Ils sont petits,..... ils sont modestes,.....
» ils sont humbles. »

Et ses yeux restaient fixés sur le même point,
exprimant une admiration soutenue et profonde ;
ses lèvres étaient entr'ouvertes, sa respiration
semblait suspendue et son visage rayonnait d'une
félicité céleste.

Mais elle allait subir un dernier combat avant
de recevoir la couronne qui l'attendait. Jaloux
des grâces qui lui étaient faites, l'esprit du mal
voulut tenter un dernier effort pour lui ravir
son bonheur. L'insensé ! le maudit ! Il espérait
la vaincre, c'était une dernière victoire qu'il lui
préparait.

« Oh ! Lucien, s'écrie-t-elle tout à coup, en pa-
» raissant sortir d'une extase, voici les démons !

» (Elle avait tourné ses regards du côté opposé où
» elle apercevait auparavant les anges.) Vois com-
» bien ils sont hideux et grimaçants... Je les dé-
» teste! Qu'ils sont vilains!... Quelles horreurs!...
» Fuyez, maudits..... Et cette femme avec cet en-
» fant;... vois-tu cette femme?.... Oh! les mons-
» tres!... Est-ce qu'elle oserait?... Retirez-vous!..
» En voici un à côté de moi, près du rideau. Il
» ne s'en va pas. Est-ce qu'il aurait l'audace?....

Elle avait dit ces paroles d'une voix qui, loin de
sentir la terreur, témoignait sa ferme confiance en
Dieu et la certitude qu'elle avait de vaincre.

Et tandis qu'elle soutenait avec tant de courage
les assauts de ce rude combat, en présence d'une
relique de la vraie Croix, j'employais fréquem-
ment l'eau bénite et je m'efforçais de lui suggé-
rer des pensées pieuses. Chasse les démons, lui

disais-je, ma chère Amélie ; dis-leur que tu les hais ; fais le signe de la croix ; dis-leur que tu es enfant de Marie. Dis : Sainte Vierge, protégez-moi ! Jésus, Marie, Joseph, assistez-moi ! Mon Dieu, je vous aime !

« Oui, murmura-t-elle, je l'ai juré, j'aimerai le » bon Dieu toujours,..... toujours,..... oui, tou-» jours !!! »

Ce furent les dernières paroles qu'il nous fut possible de distinguer. Ses lèvres en balbutièrent encore quelques autres que nous ne pûmes comprendre. Elle fit de fréquents signes de croix. Sa main pressa de plus en plus la mienne. Le moment de la grande lutte était passé ; elle était devenue calme comme un vainqueur qui se repose après la victoire.

Alors M. le curé, qui avait eu le dévouement

de ne pas la quitter (qu'il reçoive ici de nouveau l'expression de ma plus vive reconnaissance), lui renouvela une dernière fois l'absolution.

Un instant après, à deux heures de la nuit, comme pour me dire un dernier adieu, elle pressa de nouveau ma main, qu'elle n'avait point quittée, et rendit le dernier soupir.

La sérénité de ses traits continua encore à briller, alors que sa belle âme était déjà dans le sein de Dieu, son Créateur et sa récompense !

Oui, ma bonne Amélie, tu es au ciel! j'en ai
pour garants la ferveur de ta première communion. — la douleur que tu ressentis, bien jeune
encore, à la mort de ta pieuse mère, — la piété
filiale que tu pratiquas si bien à l'égard de ton
père, de ton grand-père, de ta grand'mère, et dont
tu donnas les plus touchants témoignages jus-
qu'au dernier moment de ta vie, — et ta tendre
affection pour tes sœurs, — et ton cœur toujours
pur, dévoué, généreux, — et le goût de la sainte
communion qui, de jour en jour, se développait

en toi, enfin, après toutes les grâces que tu as reçues, la mort édifiante si digne d'envie dont je viens de rappeler les principaux traits.

Oh! chère Amélie, combien la certitude intime que j'ai de ton bonheur m'aide à supporter mon immense affliction! Tu es au ciel! Oui tu es heureuse! tu le seras toujours!!.... J'aime à entretenir cette pensée dans mon cœur : impuissante à tarir mes larmes, du moins elle les adoucit et me les fait trouver moins amères!

Bonne Amélie, du haut du ciel souviens-toi que tu m'as laissé sur la terre avec une enfant qui, désormais, est mon plus précieux trésor. Cette chère enfant, oh! combien je l'aime! Elle est pour moi ton vivant souvenir. Par une éducation vraiment chrétienne, je m'appliquerai à lui inspirer de bonne heure l'amour et la pratique de toutes tes vertus. Obtiens-moi la grâce du succès, je t'en conjure. Protége à la fois et le père et la fille et tous les parents. Fais qu'après une vie sainte nous obtenions de faire une mort semblable à la tienne, une mort précieuse aux yeux du Seigneur : *Pretiosa in conspectu Domini mors sanctorum ejus.*

Jour des Morts, 2 novembre 1865.

LUCIEN.

BIBLIOTHEQUE NATIONALE DE FRANCE
3 7502 00972643 3